fragmentos do sol chuvoso

Copyright © 2010 by Lauro Henriques Jr.

Direitos reservados e protegidos pela Lei 9.610 de 19 de fevereiro de 1998.

É proibida a reprodução total ou parcial sem autorização, por escrito, da editora.

Dados Internacionais de Catalogação na Publicação (CIP)
(Câmara Brasileira do Livro, SP, Brasil)

Henriques Jr., Lauro
Fragmentos do sol chuvoso / Lauro Henriques Jr.
São Paulo: Ateliê Editorial, 2010

ISBN 978-85-7480-501-1

1. Poesia brasileira I. Título.

09-09458 CDD-869.91

Índices para catálogo sistemático:
1. Poesia: Literatura brasileira
869.91

Direitos reservados à
ATELIÊ EDITORIAL
Estrada da Aldeia de Carapicuíba, 897
06709-300 – Granja Viana – Cotia – SP
Telefax: (11) 4612-9666
www.atelie.com.br / atelie@atelie.com.br

Printed in Brazil 2010
Foi feito depósito legal

fragmentos do sol chuvoso

Lauro Henriques Jr.

Ateliê Editorial

Ao amor, cujo nome é liberdade

*A meu irmão, meu pai e minha mãe,
que, em mim, se chamam: amor*

Prelúdio

Os poemas de Lauro escorrem como se fossem miragens que nos instigam e acalmam. São aforismos de profundidades traduzidas em sensações de belezas, de levezas.

São máximas e, ao mesmo tempo, enigmas. Mas enigmas que se apresentam e têm as almas de todas as doçuras, daí a sensação de deslumbrante felicidade e de alegria rodopiante que sua leitura nos dá.

Elas são como nuvens, nuvens cheias de paisagens que flutuam por entre miragens espantosamente reais.

Há algo de muito incomum que sorri como mistério dentro delas. Mas este mistério é a mensagem do eterno amor reinventado, e da paixão que se apresenta sempre como doçura, carinho, desvelo, carícias de penugem nestas paisagens que são miragens de aforismos enigmáticos e, ao mesmo tempo, ditos que têm a clareza do sol do meio dia.

A tremenda importância das coisas pequenas. Aqui a Ecologia é a própria deusa Harmonia dos gregos.

Não há queixumes, nem lamentos, nem imprecações, nem maldições. Existe uma atmosfera de águas escorrendo, de sorrisos em todos os momentos, e a possível dor, se aparecer, aparece em forma de esperança, de prazer ainda não descoberto.

Há algo de hai-kais transfigurados por um poeta que nos irradia sensações de felicidade, iluminações, em que todo cotidiano do instante traz o abismo da eternidade!

A extrema simplicidade e ao mesmo tempo complexidade do autor acaba nos impregnando com um universo da mais extrema dadivosidade e beleza do coração, e portanto tem algo de amor reinventado em inexperada postura de permanente deslumbramento.

São palavras que escorrem como música inebriante de um paraíso perdido, só habitado por poetas de verdade. Humor de risadas inquietas da infância e sorrisos da alegria do presente.

Há uma misteriosa sequência de inexoráveis ocorrências. São imagens e versos que se espelham entre si. As águas da ressurreição percorrem a todo instante todas as paisagens. É um poeta magistral do Brasil-Universal e do Brasil-Oriente. Não sei por quê, lembra-me Heráclito ao dizer: "Os homens, quando dormem, trabalham pelo porvir do Universo".

JORGE MAUTNER

A água é uma chama molhada (...)
Para dentro vai o misterioso caminho.

Novalis

Acordei último. Alteado se podia nadar no sol (...)
O senhor... Me dê um silêncio. Eu vou contar.

João Guimarães Rosa

tudo semeia
e sai por aí

o lodo, estranha entidade: ser escorregadio
a nos lembrar que de cada passo brota
uma ventura ou aniquilação

remanso, rio em calma de água

não eram somente meninos, que brincavam de
soldado na praia; eram soldados, que, mortos,
sonhavam ser criança na areia

água-viva: a cólera do mar

"eu gostaria, mas... poxa, não tenho tempo!" –
repetimos, todos, para quase tudo; o tempo,
porém, é sempre suficiente – a arte é perceber
se a suficiência é infinita ou fugaz

o mais longínquo dos planetas,
também um miolo de pão

o óvulo é como um biscoito da sorte:
milhões o devoram em busca do futuro

pane: a natureza humana da máquina –
pose: a natureza mecânica do homem

certas coisas não permitem explicações;
despertam apenas um silêncio profundo, de
respeito e admiração – a gentileza é uma delas

toda pálpebra é olho que se fecha; todo olho,
pálpebra que se abre – o que não vemos hoje
pode bem já estar aqui

disse o infiel à sua amada: "mas você não acredita em nada do que eu digo?" – e ela respondeu: "sim, acredito; sempre que duvido de mim"

meu braço, o ombro do amigo; meu ombro, seu
braço, um sorriso – e à nossa frente a amizade
toma forma, e nos saúda em dois corpos de mulher

as traças leem com os dentes –
os miseráveis comem com os olhos

a língua rápida, a lenta

dia dos namorados – enquanto alguns trocam
presentes, outros, raros, permutam as almas

onde haja um horizonte, e em seus ombros, nus,
se ponha um beijo no crepúsculo dos lábios

e se não fosse o cantar? o canarinho seria apenas
mais uma, dentre tantas: verdes folhas na árvore

chove – e o céu, nublado e cinza, é como
a imensa pele de um cadáver esticada
para o tambor da ressurreição –
quem fará o batuque?...

a despedida – e dos desejos, partidos amores, restava
só, e apenas ela: lágrima intacta sob os escombros

minhas mãos: por quantas vezes foram
acenos, por quantas vezes adeus?

assim como as ondas do mar, nossa vida flui em
vagas de dispersão e renascimento, deixando para
trás uma espuma branca, que, no homem,
se chama amor

as ondas embalam meu sono,
o riso é o sonho do mar

parei junto ao rio, com o pensamento e o suor
em você – e ali, da gotinha que escorreu por meu
rosto, uma abelha fez seu manjar e deleite

"cuide-se", diz um amigo ao outro –
"cuidem-se!", clama a amizade aos dois

o povo brasileiro – o amor dos índios embaixo
do sol, a febre de escravos em cima do mar

a gripe – olho as laranjas e penso:
quem viverá mais, o pomar ou o lenço?

uma taturana em gira de umbanda:
borboleta incorporando fagulhas

crer nas coisas como são,
nomeá-las como aparecem

antes de ser, na ferida de alguém: o dedo –
pergunte-se: sou também a mão que cura? –
se for o caso, ser fogo indicador e cautério;
se não, silêncio mindinho e mudo

a delicadeza: por quê? – arremesso pedras
bumerangues, sendo a guerra só em mim

milhões de anos: e a gigantesca manada de
fósseis dorme seu sono de petróleo –
milhões de carros: e, no ar das grandes cidades,
seu pesadelo se transforma em fumaça

escuta, meu amor, estas curvas são canções,
que colhi enquanto passavas

nadar contra a corrente – resistência inútil,
ou o esforço em direção à fonte?

o sol levíssimo das manhãs sem teto, e
sem medo de ser apenas: livre

há a vida, sim, há o amor – mas o que
fazer desta chuva que não cai?

as cigarras cantam o apreço da vida –
os homens choram a pressa da morte

uma gota de sol,
orvalho do amanhã

regar o capim, regalo como a flor

com o rastro firme e luminoso de uma lesma,
o tempo escreve no imenso tronco a
história incompleta da semente

oi, sim, tchau: o quanto passamos juntos,
não importa – você é uma das mulheres
de minha vida, e eu, um dia, o sêmen
do filho que será seu

na aurora, inexorável, a lua é
um clamor sem ouvidos

escolher, dentre tantos desejos,
a pessoa certa – escolher: é encontrar

me sinto perto, a despeito de mim,
longe, a respeito de ti: mistério-estrela
candente e clandestina

a solidão é completa com a insônia:
nem os pernilongos se aproximam

minha sombra é luminosa – e a noite,
um dia que se coalhou pelo excesso de sol

um dia serei o que é minha mãe:
mirante de estrelas no fundo do próprio mar

cada grão de poeira em nossa casa é sagrado:
eles são as cinzas de todos os pensamentos que
nasceram e morreram no que chamamos de lar –
mas cumpre não confundi-los com o pó,
este que vem de fora e nos invade

o cupinzeiro – um protesto de barro,
da vida em sertão que é só terra

programa de domingo: antes do almoço,
dois passarinhos assistem ao show
das minhocas contorcionistas

a chuva se foi; e a grama, encharcada de
crianças, era de novo o campo da peleja

o que chamam de rugas, eu chamo raízes –
que de seus olhos brotem flores,
e sussurros de caules azuis

e os cavalos-marinhos, por onde andam?
seu galope-novelo, sua crina de pedra –
em tudo: a imponente tristeza de um
relincho que não se ouve mais

o ruído do giz riscando a lousa, o ruído
do morto rasgando o caixão

e diríamos: "coitado!..." – do passarinho,
que, ao confundir o céu com o espelho, se
espatifasse contra a vidraça de um prédio –
mas é assim, tão como nós: que vemos, e não
sabemos tocar, queremos, e não sabemos chegar

a covinha é a ruga da bochecha,
preocupada com o beijo que não vem

a divindade, manifesta, quando os
hímens disserem: amém

engravidar de si mesmo, do que toca e se
aproxima – fazer do vir-a-ser aquilo que já é

o artista, o esforço: entre a alma e o osso

me querias iluminado, mas fui eu:
sombra descabelada em brasa

e ela o agarrou pelas pernas, como se
trucidasse pequenas uvas com mandíbulas
de jasmim – a inebriante ternura da força

o marimbondo foi minha primeira
impressão do fogo: zumbido cicatriz
espetando os signos da aurora

pois vá, arrisque! – o risco são estrelas,
na madrugada de novos sóis

de você, meu amor, não há nada que eu
possa dizer, ou o bastante que me permita
escutar; há somente um silêncio, arrepio,
que sussurra um mundo novo cada vez
que nossos lábios se tocam

hora de dormir – calmamente abraçados
vamos nos cobrindo de sonhos

o corpo, claro e sutil:
fonte de mistérios e liberdade

minha carne era espera, e pura,
a promessa de seu amor –
mas agora você se vai: inocente, sem pressa,
como uma folha que despregada ao vento
levasse consigo a alma da floresta

na planta, morte e vida se chamam: semente –
se morre, é semente da planta que vai ser;
se vive, é planta da semente que um dia foi

uma conversa com calma de relva... se cuida,
miúda, em nosso encontro do dentro-bem

a rede, preguiçosa, mexendo...
eu e você, metamorfoses por dentro

brinco, na praia, de pisar nos passos que
não são meus; brinco? me perco? –
invisível linha entre a areia e o mar

a tragédia, meu amigo: encará-lo
desconhecido, e sabê-lo meu irmão

somos apenas um, o que sabemos
de nós; ao mesmo tempo, diversos,
o que nos sabem os outros

o horizonte: são os mares, o sem fim –
o horizonte sem horas, enquanto
em mim o coração explode

para a bolinha de gude, o universo é isto: uma
mão que arremessa, o chão que a recebe,
e a vontade de fundir-se em outra

a coca: folha dos ares – uma índia
mascando estrelas, uma índia cuspindo sóis

a canção do cipó esmeralda era a flor do
segredo divino – e a planta fez-se dádiva:
ayahuasca é menina-menino

não é o que de melhor há em você, o que me
atrai; tampouco o de pior, o que me afasta –
é o baião dos dois, aquilo que nos move

a alegria é uma onda que quebra,
e evapora para o ar –
a tristeza? é a chuva que cai,
e engatinha para o mar

um ferreiro, e a bigorna a nos lembrar da
saúde do ferro – em nossos braços, carregados
de mundo, o som e alento das forjas

rochedo: o repouso do ar

cada um vive de acordo com o que sonha; devo
ao sonambulismo as estradas por onde andei

o amor não é privilégio a ser concedido,
tampouco direito a ser reclamado:
o amor é um beijo, que, vindo sem aviso,
antes que se perceba já tenha acontecido –
o amor é o que sente a bola quando
atravessa o gol num jogo de domingo

a crisálida se pendurou num holofote,
pensando, com isso, tornar-se borboleta
mais rápido – ao deixar a casca: era um urubu

paciência: o esforço da paz em si

calma, meu amor... o mistério não se mostra
a uma plateia feita de gritos e espasmos —
a casa do milagre é um coração tranqüilo

a metamorfose da sombra, em breve,
a metamorfose da luz

uma pessoa sozinha não é uma pessoa em torno
da qual não há ninguém, mas, sim, aquela
que sente em torno de si como se fosse
preciso haver alguém

a natureza é concisa,
de nada sobra ou subtrai

cada mulher que vai para cama sozinha é
uma ofensa à saúde; cada homem, uma
ofensa ao vigor – há uma exceção apenas:
quando a solidão é um jardim, e em
cada flor uma pétala de bem-me-quer

acolher o genuíno que se aproxima –
ele é sempre, mas apenas um

a floresta dorme em um intervalo de estrelas –
sonha-se raiz, voo de garça, no embate
com o machado pesadelo

o cáctus – inquebrantável planta,
de espera risonha e crua

olhai os lírios do campo, e escolhei:
senti-los na pele enquanto vives,
tê-los por almofada quando morto

Deus é um, e está só; tudo é Deus,
e está sozinho – em volta o que inexiste

joguei uma pétala de rosa no abismo... e o eco me
respondeu seu nome – o mesmo que trago no
ventre, e carrego como se fosse um jardim

a flor do mistério, quem abrir descobrirá

quem ama não enxerga a beleza apenas
no ser amado; enxerga, também,
o ser amado na beleza de tudo que há

seus olhos, minha querida: são
madrigais inaugurando amores

as coisas vivas, as mortas, tudo – você me diz –
é objeto de compaixão; e então você me fita,
enternecida, como compadecida olharia um
cachorrinho trazendo a bola para o dono
que já morreu

nas lonjuras, o inefável;
nas lonjuras, o seu porém

o fogo sonhou que era nuvem – quando
acordou, um vulcão já não dormia mais

o sono: mar de espelhos em que me deito

se quer ser um amigo, porte-se como um;
sequer conhecido, porte-se como todos

os grilos cantam pelas pernas –
os homens? chutam-se pela boca

'sem a música a vida seria um erro'*
mas olha, minha alma! há música, e amor,
no acerto dos seus olhos!

* Nietzsche

no corpo enxerga-se a mente como ferida –
pelo corpo, cura-se a mente: cicatriz

uma flor nasceu na rua, curvou-se... e
no primeiro beijo o cimento já era grama

o mundo visionário dos pássaros –
um silva na noite, o mesmo canto dentro de mim

eternamente nova, por quantas vezes
repetida, uma palavra de sagração
chama teu nome sobre mim

quando a gente se encontrar, serei apenas
movimento, apenas sendo, o lábio, dentro,
dos beijos que vou te dar

as cerdas do pincel de barba, a ferrugem: na
caixa e ferramentas – coisas com cheiro de pai

uma mulher considerar-se apta a ser mãe pelo
simples fato de possuir um útero é tão absurdo quanto
uma roda querer-se tempestade pela mera ocorrência
de raios – ser mãe é dar à luz o próprio espírito

para a aurora da alma não basta apenas a via
espiritual; cumpre viver o mundo, mesmo –
quer saber o caminho do mar? pergunte
ao mestre da areia

o amor está por trás
e dentro de tudo

Título	*Fragmentos do Sol Chuvoso*
Autor	Lauro Henriques Jr.
Editor	Plinio Martins Filho
Projeto gráfico e capa	Marcela Souza
Imagem da capa	Bordado de Amarilis Tafuri Henriques
	Foto de Ricardo Toscani
Formato	13,5 x 21 cm
Tipologia	Sabon 11/18
Papel	Pólen bold 90g/m2
Número de páginas	128
Tiragem	500 exemplares
Impressão e acabamento	Prol Gráfica